Mi biblioteca de ingeniería

Diseño y construcción para que se mueva

Nikole Brooks Bethea y Alma Patricia Ramirez

Rourke Educational Media
A Division of Carson Dellosa Education

ROURKE'S **SCHOOL to HOME** CONNECTIONS

ANTES Y DURANTE LAS ACTIVIDADES DE LECTURA

Antes de la lectura: *Desarrollo del conocimiento del contexto y el vocabulario*

Desarrollar el conocimiento del contexto puede ayudar a los niños a procesar la información nueva y usar como base lo que ya saben. Antes de leer un libro, es importante utilizar lo que ya saben los niños acerca del tema. Esto los ayudará a desarrollar su vocabulario e incrementar la comprensión de la lectura.

Preguntas y actividades para desarrollar el conocimiento del contexto:

1. Ve la portada del libro y lee el título. ¿De qué crees que trata este libro?
2. ¿Qué sabes de este tema?
3. Hojea el libro y echa un vistazo a las páginas. Ve el contenido, las fotografías, los pies de fotografía y las palabras en negritas. ¿Estas características del texto te dieron información o predicciones acerca de lo que leerás en este libro?

Vocabulario: El vocabulario es la clave para la comprensión de la lectura

Use las siguientes instrucciones para iniciar una conversación acerca de cada palabra.

- Lee las palabras de vocabulario.
- ¿Qué te viene a la mente cuando ves cada palabra?
- ¿Qué crees que significa cada palabra?

Palabras de vocabulario:

- *motores*
- *gravedad*
- *elevación*
- *contaminación*

Durante la lectura: *Leer para obtener significado y entendimiento*

Para lograr la comprensión profunda de un libro, se anima a los niños a que usen estrategias de lectura detallada. Durante la lectura, es importante hacer que los niños se detengan y establezcan conexiones. Estas conexiones darán como resultado un análisis y entendimiento más profundos de un libro.

Lectura detallada de un texto

Durante la lectura, pida a los niños que se detengan y hablen acerca de lo siguiente:

- Partes que sean confusas
- Palabras que no conozcan
- Conexiones texto a texto, texto a ti mismo, texto al mundo
- La idea principal en cada capítulo o encabezado

Anime a los niños a usar las pistas del contexto para determinar el significado de las palabras que no conozcan. Estas estrategias ayudarán a los niños a aprender a analizar el texto más minuciosamente mientras leen.

Cuando termine de leer este libro, vaya a la última página para ver una **Actividad para después de la lectura.**

Contenido

El problema del aire

¡Los ingenieros diseñan maneras para que nosotros podamos ir a todos lados!

¿En qué tienen que pensar los ingenieros para ayudarnos a ir de un lugar a otro?

Los ingenieros diseñan carros. Al moverse los carros, el aire opone resistencia. Esto los hace más lentos.

Los ingenieros construyen **motores** que hacen que los vehículos avancen hacia adelante. La fuerza que los mueve debe ser mayor que la fuerza del aire.

Los ingenieros también les dan forma a los carros para que el aire fluya alrededor de ellos. Los carros rápidos son curvilíneos y lisos. Los carros con forma de caja son más lentos.

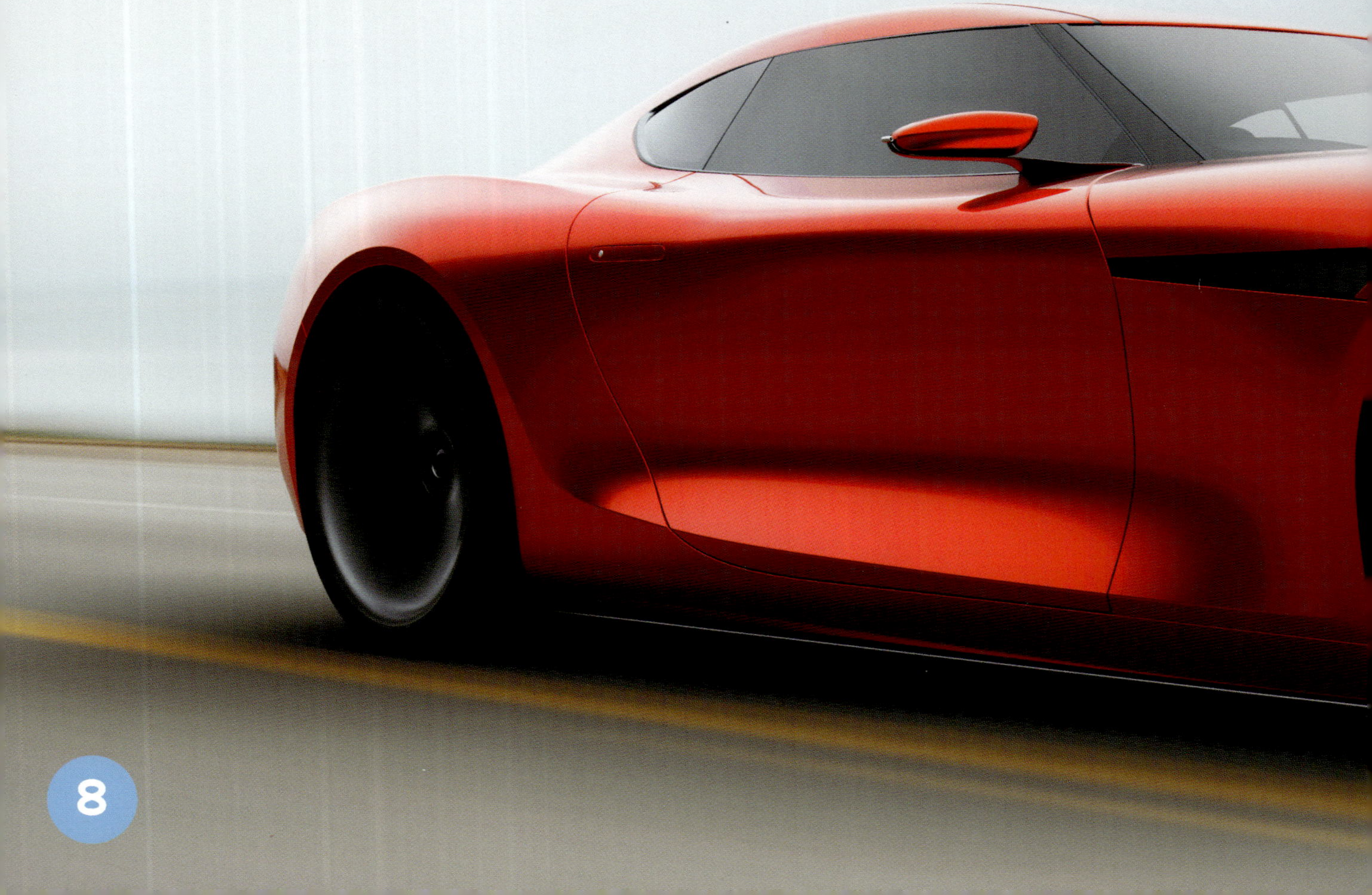

vehículo más rápido
vehículo más lento

SPACEX

El problema de la gravedad

La **gravedad** es la fuerza que jala las cosas hacia la tierra. La gravedad mantiene a los cohetes pesados cerca de la tierra.

¿Qué hacen los ingenieros para que los cohetes despeguen?

Diseñan motores para cohetes. Los motores queman combustible. Los motores impulsan el cohete hacia arriba. El empuje se vuelve mayor que la fuerza de gravedad. ¡El cohete despega!

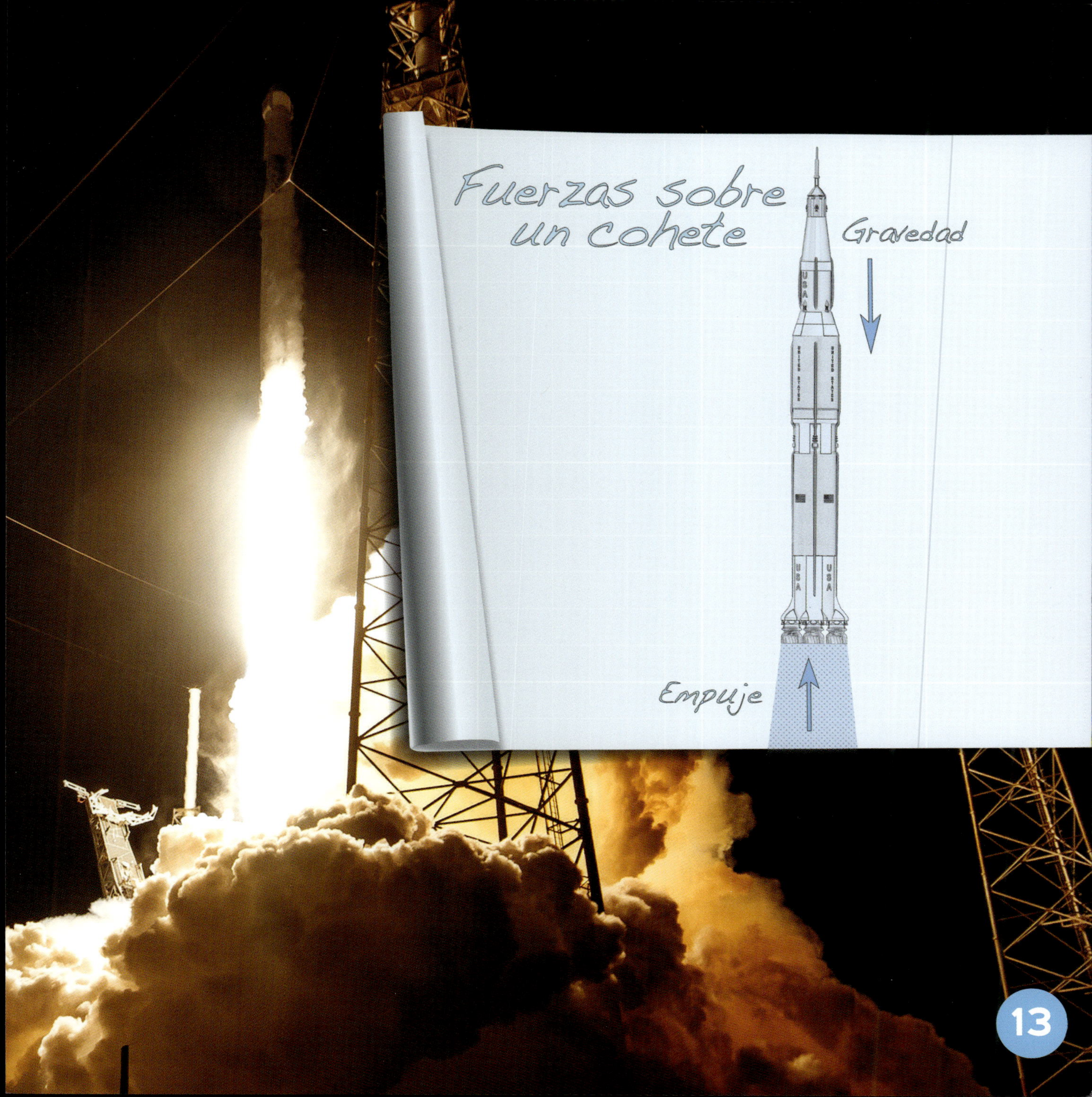
Fuerzas sobre un cohete
Gravedad
Empuje

¿Qué pasa con los aviones? ¿Qué hacen los ingenieros para hacerlos que vuelen?

Diseñan alas para los aviones con formas especiales. El aire fluye debajo de las alas. Esto produce la **elevación**. La fuerza hacia arriba trabaja en contra de la fuerza de gravedad. ¡El avión vuela!

El problema de la contaminación

Muchos motores producen **contaminación** cuando queman combustible. ¿Qué hacen los ingenieros para producir menos contaminación?

Hacen trenes especiales. Los trenes de levitación magnética no queman combustible. No producen contaminación. Usan la fuerza de los imanes para moverse.

SMT
也能成为水库

¿Alguna vez has jugado con un par de imanes? Cuando se tocan dos lados en una dirección hacen que los imanes se junten. Si volteas un imán las fuerzas los empujan y hacen que se separen.

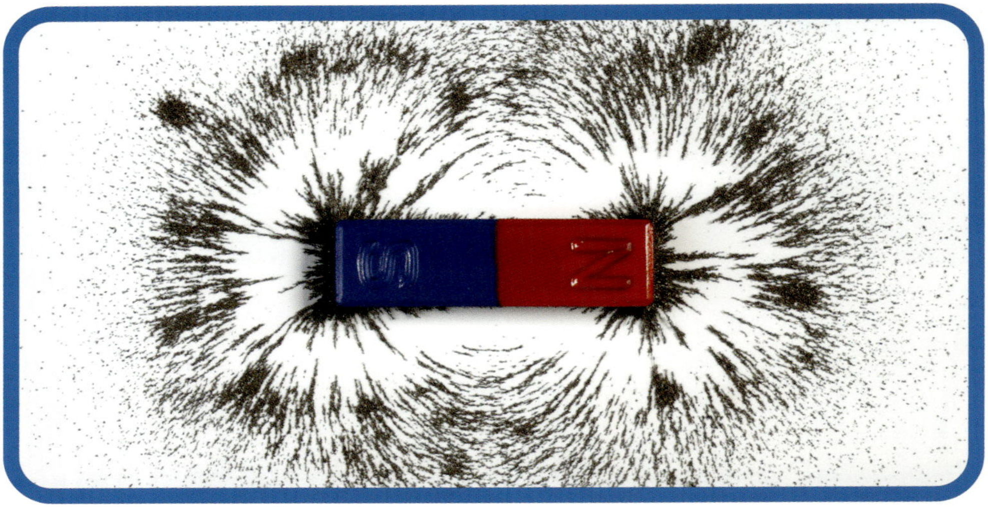

¡Así es como funcionan los trenes de levitación magnética! Los imanes se juntan para jalar el tren hacia adelante. Los imanes se separan haciendo que el tren se eleve y flote sobre las vías.

¿Cuáles serán las siguientes formas de moverse que diseñarán los ingenieros?

Glosario de fotografías

motores (mo-to-res): Máquinas que hacen que algo se mueva usando una fuente de energía.

gravedad (gra-ve-dad): La fuerza que jala las cosas hacia el centro de la Tierra.

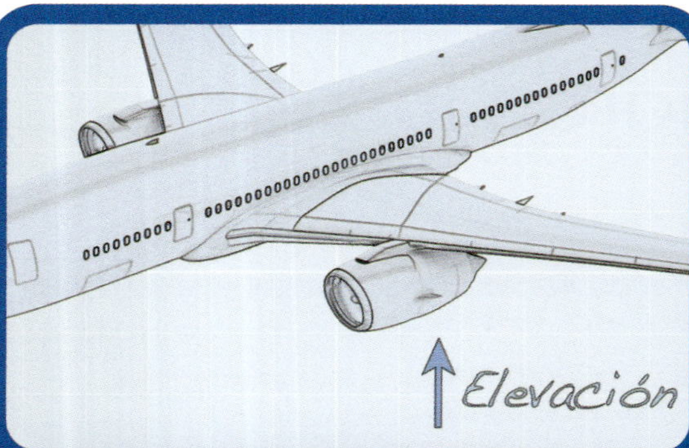

elevación (e-le-va-ción): Una fuerza que empuja hacia arriba y que actúa en el ala de un avión.

contaminación (con-ta-mi-na-ción): Sustancias dañinas o desperdicio que se libera al ambiente.

Actividad de diseño de ingeniería

¿Qué diseño usarás para un barco?

Materiales

papel aluminio
cubo pequeño, palangana o cubeta llena de agua hasta la mitad
100 centavos

Instrucciones

Los botes flotan porque una fuerza de flotación los empuja hacia arriba del agua que está abajo. Diseña un bote que cargue lo más posible sin hundirse. Moldea una hoja de aluminio en una figura que tu creas que flotará y soportará el mayor peso. Coloca el bote en el agua. ¿Flota? Comienza a cargarlo con un centavo a la vez. Cuenta cuántos centavos más puedes agregar antes de que se hunda.

Índice

Acerca del autor

Además de escribir libros de ciencias para niños, Nikole Brooks Bethea es una ingeniera profesional. Sus diseños incluyen tanques de agua altos, sistemas para tratamiento de agua potable y aguas residuales e instalaciones de agua y aguas residuales subterráneas. Ella vive en la franja territorial de Florida con su esposo y sus cuatro hijos.

Actividad para después de la lectura

Haz una lista de las maneras en las que has viajado o deseas viajar. Ahora, piensa acerca de cómo diseñaron los ingenieros cada vehículo. Escribe acerca de una fuerza que hace que cada vehículo se mueva. Escribe una fuerza que detenga el movimiento de cada vehículo.

Library of Congress PCN Data

Diseño y construcción para que se mueva / Nikole Brooks Bethea
(Mi biblioteca de ingeniería)
ISBN (pasta dura)(alk. paper) 978-1-73164-910-2
ISBN (pasta blanda) 978-1-73164-858-7
ISBN (e-Book) 978-1-73164-962-1
ISBN (e-Pub) 978-1-73165-014-6
Library of Congress Control Number: 2021935442

Rourke Educational Media
Printed in the United States of America
01-1872111937

www.rourkeeducationalmedia.com

Editado por: Hailey Scragg
Portada y diseño de interiores: Rhea Magaro-Wallace
Traducción: Alma Patricia Ramirez
Photo Credits: Cover logo: frog ©Eric Phol, test tube ©Sergey Lazarev, cover tab art ©siridhata, cover photo ©Arana; Page 5: ©Marilyn Nieves; Page 6: ©Rawpixel; Pages 7, 22: ©Stefan Schulze; Pages 8, 9: ©Arand, Page 9: ©vitpho; Page 10: ©NASA ; Page 13: ©NASA; Pages 13, 22: ©jamesbenet; Pages 14, 15: ©gece33; Page 14, 22: ©Robert Churchill Pages 17, 22: ©Greg Kelton; Pages 18, 19:©holgs; Page 20: ©Wittayayut; Page 21: ©kirza